GILLES,
GARÇON PEINTRE,
Z'AMOUREUX-T-ET RIVAL.

PARADE,

Représentée pour la premiere fois sur le Théâtre de la Foire S. Germain, le 2 Mars 1758.

Non plausus sed risus.

Le prix est de 24 sols avec la Musique.

A PARIS,
Chez N. B. DUCHESNE, Libraire, rue S. Jacques, au-dessous de la Fontaine S. Benoît, au Temple du Goût.

M. DCC. LVIII.
Avec Approbation & Privilége du Roi.

EPITRE
A EGERIE.

O Toi que mon ame a choisie,
Toi dont l'esprit, les mœurs, les graces, l'enjouement
  M'ont appris qu'il est dans la vie
  Un plaisir né du sentiment,
Des penchants qui flattoient ma jeunesse volage ;
  Tu m'as montré le dangereux attrait,
Je sçais qu'il n'est pour l'homme aucun bonheur parfait ;
Mais je sens qu'à tes pieds j'en trouve au moins l'image.
  Pourrois-tu refuser l'hommage
  De ce frivole écrit que je t'offre en tremblant ?
  Hélas ! de mon esprit ce vil libertinage,
A tes regards peut-être avilit mon talent ;
Mais que veux-tu, pardonne un instant de folie,
Le plus sage souvent a besoin d'une erreur,
Je cherchois à charmer cette melancolie
Qui fut loin de tes yeux l'aliment de mon cœur.
Tu rougiras pour moi, ton ame noble & fiere

A ij

EPITRE.

Voudroit que justement admiré des François,
Ton immortel amant vole dans la carriere
  Et prétende aux plus grands succès.
Ah ! ma chere EGERIE, épargne ma foiblesse.
  Sans embarras, sans desirs, sans ennuis,
  Je coule en paix des jours filés par la paresse,
  Dont ton amour seul fait le prix.
D'un Public dangereux, difficile, volage,
Quiconque ose briguer l'incertaine faveur,
Doit opposer aux vents l'orgueil de son courage.
En bute aux traits du fourbe & du faux connoisseur,
Sans doute il a besoin pour affronter l'orage,
Ou du plus grand génie, ou du plus grand bonheur.
J'y prétendrois en vain ; d'ailleurs, chere EGERIE,
Au méprisable éclat d'une vaine saillie,
Je vois chaque François applaudir à son tour,
  Et l'Apôtre de la Folie
  Est ici le héros du jour.
Flattons son goût, cedons à sa manie,
Un an d'honneur vaut-il une heure de plaisir ?
Osons-nous faire une Philosophie,
Et cherchons des succès dont nous puissions jouir.
On renonce aisement au temple de mémoire,
Quand on commence à connoître son cœur.
  A quatorze ans j'aimois la gloire,
  A vingt ans j'aimai le bonheur.
Convenons en, qu'importe, à l'aîné des Corneilles

EPITRE.

Si l'Europe en silence admire ses succès ?
Nous jouissons du fruit de ses pénibles veilles,
  Peut-il jouir de nos regrets ?
Dans la nuit du tombeau, sa grande ame endormie
S'éveille t-elle au bruit de nos clameurs ?
Va, l'amour de la gloire est l'ivresse des cœurs,
Et l'amour du plaisir, la raison de la vie.
  Jouissons-en, belle EGERIE,
Saisissons ce moment qui se perdroit en vain ;
Que ferai-je demain, si demain je m'éveille ?
Mon être, mes desirs, en moi rien n'est certain.
  C'est la digestion de la veille
  Qui fait l'esprit du lendemain.

        POINSINET le jeune

ACTEURS.

CASSANDRE, *Peintre*,   M. BOURET.
GILLES, *son Garçon*,   M. LA RUETTE.
ISABELLE,   Mlle. ROSALINE.
COLOMBINE,   Mlle. DESCHAMPS.

GILLES,
GARÇON PEINTRE,

PARALE.

Le Théâtre représente la boutique d'un Peintre d'Enseignes. On y voit de vieux Tableaux, des Enseignes de toutes les espèces, & sur le devant un tonneau avec une pierre à broyer les couleurs.

SCENE PREMIERE.

GILLES *seul, broyant des couleurs.*

Air : *Quand on a bu la tête tourne.* N°. 1.

QUAND on z'a bû la tête tourne,
  tourne,
Mais quand on aime, ah ! c'est ben pis,
Pour Isabelle l'esprit m'tourne, tourne,

A iv

L'ingrate amuse le tapis :
D'vant sa maison
J'vien, j'passe & je r'tourne,
J'en perds la raison ;
Mais si j'la tien,
Parguienne, j'vous la r'tourne
Si bien qu'il n'y manqu'ra rien.

Oh ! pour sûr sans doute c'est zun état ben pitoyable que d'être amoureux d'une grande passion au vis-à-vis d'une personne qui z'est plus ingrate qu'un caillou.

ARIETTE. N°. 1.

Mon petit bijou
C'est mon Isabelle,
Ah ! que j'en suis fou ;
Mais cette cruelle
 M'ensorcele :
 La mutine
 Me lutine,
Toujours elle rit,
J'li rempli sa poche,
J'li tourne sa broche
Rien ne l'attendrit,
La nuit je grelote
Tout seul dans mon lit,
Et quand je sanglote,
La friponne rit.

SCENE II.
CASSANDRE, GILLES.

CASSANDRE avec son Jérôme.

Courage, courage, Gilles, je te vois dans une allegresse qui m'porte au cœur la gaieté d'la plus grande joie que j'aie jamais eue.

GILLES.

Queux sistême de bêtise Monsieur le bonhomme Cassandre ! faut être ben mal appris pour me trouver d'la gaieté, moi qui suis tout imbibé dans l'affliction d'ma tristesse.

CASSANDRE.

Comment ! z'aurais-tu cassé la tirelire où que tu mets ton argent.

GILLES.

C'est ben plus dangereux qu'ça ; j'suis tamoureux comme un dogue, Monsieur Cassandre.

CASSANDRE.

T'es amoureux, & qui t'a coulé dans c'prejudice là, mon zami.

GILLES.

ARIETTE.

Je revenois du cabaret
Tout en chantant ma chanfonnette,
Et je rentrais chez nous tout drait
Quand je trouvis une brunette
    Petits yeux ronds,
    Jolis petons,
    Petits yeux ronds
    Qui vous difons
    Mieux que la bouche.
Eh ! quoi ! vous héfitez,
Près de moi vous reftez
    Comme une fouche.
Non, non, je n'ai point de rigueur,
Venez à moi, venez mon cœur,
    Un difcours modefte
A toujours fon prix.
    J'voulais fuir, mais zefte
Voilà Gilles pris.

CASSANDRE.

Tien, il y a du remede ; il faut t'mettre z'un peu d'poudre fans qu'ça paraiffe, avec du linge tout blanc d'la veille puis aller voir ta Maitreffe, lui trouffer z'un petit compliment.

GILLES.

Oh ! c'n'eft pas l'embarras.

PARADE.

CASSANDRE.

N'faut pas qu'l'amour fait z'une fujettion d'chagrin pour z'un cavalier d'esprit, fais comme moi.

ARIETTE.

Toujours chantant,
Toujours content,
Je ris fans ceffe,
Et je fais bien,
Je fais très bien.
Va, la trifteffe
Ne mene à rien.
Dans ma jeuneffe,
Près de ma maitreffe,
Comme un bon luron
J'étois vif & drôle,
J'li mordois l'épaule,
J'li pinçois l'menton,
Ah! que j'étois drôle
Auprès d'un tendron.

GILLES.

C'eft bon, j'mordrai, j'pincerai.

CASSANDRE.

V'là qu'eft affez parlé d'ces fottifes-là; r'venons t-à not affaire d'l'importance la plus principale; as-tu bien broyé des couleurs pour à l'occafion de ç't'enfeigne que j'dois peinturer fur l'devant d'la boutique de ç'te fruitiere harangere en détail.

GILLES.

Diantre, feu notre maître, un morceau d'vot' façon f'ra l'admiration des Quinze-vingts.

CASSANDRE.

C'eſt ſa mere, vois tu, qui veut mettre la figure de ſa fille en étalage, afin d'attirer l'chaland.

GILLES.

C'eſt mauvais ſigne ; car comme dit ç'grand Philoſophe, un bon cabaret n'a pas beſoin d'bouchon.

CASSANDRE.

Tais-toi, c'eſt d'la bonne beſogne, j'ai bientôt ſoixante ans paſſés, & j'veux commencez à m'faire une réputation : c'eſt pourquoi :

Ariette. N°. 4.

Dans mon Enſeigne
Je veux qu'on peigne
Les plus beaux portraits,
Comment en chenilles
Nos jolis muguets
Courent par la ville
En cabriolets.
Loin de la bagarre
Le peuple fuira,
Quand l'un criera, gare,
L'autre écraſera.

PARADE.

Vient une charette :
Crac, tout est cassé,
Dans la boue on jette
Le chariot brisé.
Le galant murmure,
Le guet vient au bruit,
On se bat, on jure
Et chacun s'enfuit,
Oui, dans mon Enseigne, &c.

GILLES.
Fi, qu'ça s'ra beau.

CASSANDRE.
C'n'est pas l'tout, on z'y verra une boutique de fruitiere avec des choux de fleurs, des laitues promenées, des navets t'au sucre, & dans l'beau milieu une jeune fille qui....

GILLES.
Qui ç'te jeune fille ?

CASSANDRE.
Qui....? Isabelle.

GILLES.
Isabelle ! (*à part*.) ah ! queux surprise d'indignation, ma chere z'Isabelle ; faut cacher l'desespoir de ma douleur & ly parler tout doucement. (*haut*.) Que l'diable m'emporte & qu'la peste vous creve si vous n'sçavez pas qu'c'est moi qui roule sur toute la besogne de la maison.

CASSANDRE

Queux débordement d'insolence. Sçais-tu qu'les bonhommes Cassandre depuis cent ans de pere en fils n'ont jamais digeré d'sottises en farce.

GILLES.

C'est qu'ils avons toujours tourné l'dos.

CASSANDRE.

V'là-t-il pas zun habile homme, témoin quand il z'a peint c'te marchande Lingere à l'enseigne de la Sagesse.

GILLES.

Et vous ç'fameux Traiteur à l'Etrille.

CASSANDRE.

Et toi zun marchand d'vin à la Bonne foi.

GILLES.

Et vous zun Apoticaire aux Deux visages.

CASSANDRE.

Et toi z'une Sage femme aux trois Pucelles.

GILLES.

Et vous.

DUO.

CASSANDRE.	GILLES.
Ah ! c'en est trop,	
Fras-tu silence ?	Quoi, vieux magot.
Queux insolence !	
Tu te tairas.	Non pas, non pas,

PARADE. 15

Tais-toi, croi-moi,   Nenni ma foi,
J'fuis t'en colere;   Que veux-tu faire?
De ce bâton,   Ose-le donc,
De ce bâton,   Vieux rogaton.
C'est z'avoir trop d'audace.   Quand tu fras la grimace.
à part.   *à part.*
J'pense qu'il a peur :   Il est blanc de paleur.
Comment, zon m'injurie,
    Attend, attend,
Pan, pan, pan, pan.
Il le bat.

                V'là qui m'met zen fuie,
                Me frapper moi présent!
Il le barbouille avec un gros pinceau.
Comment, comment, za moi !   Tien, tien, voilà pour toi.
   Comment, za moi !   Voilà pour toi,
   Attend, voleur.   Vieux radoteur.
Ils se battent.
   Pan, pan,   Pan, pan,
   Es-tu content?   Es-tu content?
La perruque de Cassandre & le chapeau de Gilles tombent.

SCENE III.
CASSANDRE, GILLES, COLOMBINE.

COLOMBINE *avec un balai.*

COMMENT, qu'est-ce que c'est qu'çà, queux bruit d'tintamarre.
CASSANDRE.
C'est c'coquin d'Gilles qui zest toujours dans l'habitude de manquer d'respect.

COLOMBINE bat Cassandre.

A son maître, ah! le coquin, il za tort.

GILLES.

Eh! ben oui, v'là qu'est ben justicieusement jugé ; quand il z'aura eu l'impolitesse de m'faire parler par sa canne, n'faudroit-il pas que j'li baise les pas d'ses genoux ?

COLOMBINE bat Gilles.

Est-il véritable que ça soit possible : il ta battu, oh! il za tort.

Air : *La Bergere*. N°. 2.

Mais quand on z'est gentishomme
Nés natifs de bons marchands,
  Convient-il de s'rosser comme
Des bourgeois ou de p'tites gens.
  Fi, pour vous j'en rougis presque,
Ah! queux honte, queux affront.

GILLES.

Mais quand zon s'bat pour le sesque,

COLOMBINE.

Ça fait z'une autre raison.

CASSANDRE la mene à un coin du Théâtre.

Ecoute un peu, Colombine, toi qui z'as la conception facile ; j'veux qu'tu prennes la cause de ma partie. Est-il justitieux que j'souffre d'un z'ignorant un agonissement d'injures.

COLOMBINE.

PARADE.
COLOMBINE.

Fi, ça z'eft criant.

GILLES *la mene à l'autre.*

Air : Ciel ! l'univers va-t-il donc se diffoudre ?

Moi, j'fouffrirois qu'il peignît z'Ifabelle,
Que tête pour tête ils reftent tous les deux !
Et moi, comme un fot.... Non, Mamfelle
J'fuis t'un amant trop courageux,
  Et je m'appelle
  Gil' le hargneux,
S'il en z'eft amoureux.

COLOMBINE.

Queux trouble extrême !

GILLES.

C'eft moi qu'on z'aime,
J'li deffends même
D'la voir avec fes yeux.

COLOMBINE.

Comment, zamoureux ! qu'eft-ce que ça fignifie ?

CASSANDRE.

Rien, rien, j'fuis l'maître, v'là tout, j'ai déjà d'avance peinturé toutes les ombres du tableau.

B

GILLES.
Et moi, j'fuis l'garçon, j'frai la befogne des clairs.
CASSANDRE.
J'n'attends plus que la belle z'Ifabelle qui veut ben s'preter z'à la foummiffion d'être le modele.
COLOMBINE.
Ah! fpadille, manille, matador, v'là donc qui z'eft découvert, & vous avez la z'ardieffe d'l'infolence de m'proferer ces fottifes-là d'vant moi.

CASSANDRE.
Comment donc?
COLOMBINE.
M'prenez-vous pour une fille de cire une fois. J'fouffrirois t'ici un zautre modele, moi qui fuis ded'puis dix ans poffedée de ç't emploi là.

GILLES.
Oui, j'fuis témoin zauriculaire que not premier maître fe fervoit toujours d'fon vifage pour faire des portraits d'famille.
CASSANDRE
Allons, c'eft zavoir trop d'ambition

que d'vouloir que tout roule ici sur vous ;
m'faut z'un modele tout neuf.
COLOMBINE.
Mais vraiment, on vous l'fra faire.
ARIETTE.
Eh ! quoi, la pauvre Colombine
Déplairoit zà Monsieur,
Vous me rendez toute chagrine,
Ah ! c'est z'un grand malheur,
Ah ! je ris de bon cœur.
Ma figure est connue
De tout notre quartier,
Suivez-moi dans la rue
Vous entendrez crier
Chit, chit, chit, chit :
L'aimable fille !
Qu'elle est gentille !
Chit, chit, chit, chit.
Je fuis ce bruit,
Mais un galant s'approche,
Tire un zœil de sa poche,
Et m'dit zavec respect :
Vien chez moi, ma petite,
Manger z'une carpe frite.
Je grille à ton aspect,
En fais-je la folie,
Non pas, Gilles, non pas ;
Mais en fille polie
Je lui réponds tout bas :
Je n'le peux pas,
Ça n'se peut pas ;
Ainsi ma bonne mine

Partout me fait honneur.
Cependant Colombine
Ne plait pas t'à Monsieur,
Ah! c'est un grand malheur,
Ah! je ris de bon cœur.

CASSANDRE.

Ne craignez rien, ma chere Colombine, je ne veux que dépeindre la figure de la belle z'Isabelle, & quand je l'aurai tirée zen peinture....

GILLES.

Et tirez, tirez plutôt vos chausses.

CASSANDRE.

Paix, j'entends la démarche d'une figure humaine ; c'est z'Isabelle, songez tous deux à lui faire bien des gracieusetés.

SCENE IV.

CASSANDRE, ISABELLE, COLOMBINE, GILLES.

ISABELLE *retroussée avec un parapluie.*

BON JOUR Monsieur l'bonhomme Cassandre ; ma mere m'envoye à vous pour m'achever de peindre. M. Gilles m'a déja z'ébauchée, c'est à vous, dit-elle, à m'y mettre la derniere main.

PARADE.

GILLES *à part.*
Ah ! l'infidelle !

ISABELLE.
Dam j'suis venue comm' ça pour n'pas gâter ma frisure.

CASSANDRE.
Ça fait ben voir vot inducation. *à part.* Qu'elle a l'air noble !

COLOMBINE, CASSANDRE.
Mais vois donc qu'elle a bon air !
Que cette coëffure en l'air
Fait un bon effet !

Colombine. Ah ! ah, vous avez bon air.
Cassandre.
Gilles. } Qu'elle est belle, qu'elle a bon air !

Bon air tout à fait.

ISABELLE.
Vous avez ben d'la bonté.

COLOMBINE.
Pardi v'la d'beaux ch'veux, ç't'emprunt-là vous a-t-il couté cher ?

ISABELLE.
Comment zon m'insulte chez vous, Monsieur Cassandre !

CASSANDRE.

Demeurez là zun inftant, je vais leur parler ferme. Ecoute, ma chere zamie Colombine, tu fçais que je t'ai toujours aimé, & je t'aimerai toujours jufqu'au dernier tombeau des jours de ma vie.

COLOMBINE.

Z'eft-il ben vrai, cher perfide ?

CASSANDRE.

Oui, j'en fais l'ferment l'plus affreux fur les charmes de ta beauté. Que je fois le dernier des parjures.

COLOMBINE.

Ah ! vous me r'affurez l'cœur.

GILLES.

Oui, oui, nage toujours & ne t'y fie pas.

CASSANDRE.

Gilles, tu zeft un garçon de bon fer voilà quatre fols que je te donne pour aller te divertir avec Colombine pendant que je ferai mon ouvrage en peinture.

GILLES.

C'eft parler comme un miracle ; grand

PARADE.

merci not' Maître. J'vous laisse faire l'original avec z'Isabelle, & moi j'tirerai les copies.

CASSANDRE.

Retirez vous tous deux zun moment; car z'Isabelle a trop de pudeur pour se faire peindre comme ça devant l'monde.

COLOMBINE.

Volontiers; viens-çà, Gilles.

GILLES.

Ah! ça, M. Cassandre, soyez ben sage

COLOMBINE *bas à Gilles.*

Observons-les.

SCENE V.

CASSANDRE, ISABELLE.

CASSANDRE.

Nous en voilà débarassés.

Air: *Au moment que j'técoute.*

Mettez-vous à votre aise,
Faites comme chez vous.
Voulez-vous une chaise?

Ah! qu'elle a les yeux doux !
Dans l'fond d'mon cœur, ma Belle,
Je sens certain desir.
Oui, je me sens, chere Isabelle,
Je me sens rajeunir.

ISABELLE.

Oh! dame, je n'sçais pas répondre à ces choses-là, parce qu'il n'faut pas qu'une zhonête fille dise des douceurs à zun homme ; mais quand vous s'rez mon mari comm' l'veut ma ch'mere, j'frai vot' femme, & ça fra dix francs.

ARIETTE.

Ta cher z'Isabell:
Pour toi seul vivra,
Te caressera :
Quand la nuit près d'elle
Cassandre sera,
Sa bouche fidelle
Tout bas lui dira
Tarela, la, la.
Quelle douce ivresse !
Que ces moments sont doux !
Vois-tu ma tendresse ?
Vien, mon cher zepoux.
Ainsi z'Isabelle
Pour toi seul vivra, &c.

CASSANDRE *troublé.*

En vérité.... Ma chere zamie... C'est trop... Enfin.... J'suis dans une profusion... que....

SCENE VI.

COLOMBINE, ISABELLE, CASSANDRE, GILLES.

COLOMBINE.

AH! j'ti prends, v'là donc la belle récompense de m'estre zabuzée à vot service, qu'vous auriez déja dû m'épouser plus d'vingt fois!

CASSANDRE.

Coquine, si j'm'en croyois, je te....

GILLES.

Et vous, Ingrate d'infidelle, malgré les serments qu'vous m'avez jettés à la tête, v'là que vous écoutés les adorations de mes Rivaux.

ISABELLE.

Comment! qu'est-ce que ça signifie? je n'vous connois pas, M. Gilles?

GILLES.

Ah! Zirhumaine, après ç'jour où q'nous

avons paſſé toute la nuit zà cauſer enſemble, l'un auprès d'l'autre.

COLOMBINE.

La belle raiſon ! n'ſçais-tu pas qu'les Filles d'la façon de Mamſelle ont toujours la mémoire courte ?

ISABELLE.

Queux impertinence ! v'là que j'ſuis t'obligée de rougir.

CASSANDRE.

Taiſez-vous, ſerpens à langues de viperes.

GILLES.

Parguienne, feu not Maître, vous n'avez qu'à l'épouſer, çà mettra la joie dans not maiſon, & nous aurons bonne compagnie.

ISABELLE.

Qu'eſt-ce à dire ?

COLOMBINE.

Il a raiſon, épouſer z'une Mamſelle comme vous, c'eſt z'entrer dans une grande famille, on z'a ben-tôt tous les voisins pour parents. Ah! qu'vous s'rez t'heureux!

ISABELLE.

Comment! Monsieur Cassandre, vous supportez çà?

GILLES.

Bon, bon, sa Défunte lui en a bien fait supporter d'autres.

CASSANDRE.

Tiens, Gilles, quand tu voudras parler, commence par te taire.

COLOMBINE.

Vas, vas, laissons-le faire, il s'ra en bonnes mains.

ISABELLE.

Mais, mais, pour qui donc m'prend-on? T'nez, M. Cassandre, j'vous l'dis tout doucement. si par mon inducation j'n'étois pas une Fille ben née, c'est que j'leux arracherois les deux yeux du visage.

COLOMBINE.

N'ty joue pas, si je me mets en train de te frotter....

CASSANDRE.

Si tu la bats, j'sçai ben ç'que j'frai;
j'assommerai Gilles.

TOUS QUATRE ENSEMBLE.

CASSANDRE.
{
Tu sçais comme je rosse,
Cesse de m'insulter,
En Pere de famille
On me doit respecter.

Ce bras te rossera.

Quoi ! tu la bats, coquine !
Attends-moi ; maître sot,
 Ce maître sot,
Tiens, tiens, courage,
 Donnons des coups.
Ah ! je suis écorché,
Hé, hé, hé, hé !
Je suis tout écorché,
 Hé, hé !
}

ISABELLE.
{
Je suis honnête Fille,
On me doit respecter.
Comment ! quand zon m'offense,
Je n'me vengerais pas !
Tiens, tiens, courage,
 Donnons des coups.
Ha, ha, ha, ha !
V'là que j'ai l'œil poché,
 Hé, hé !
}

PARADE.

COLOMBINE.
> Mamselle Carabosse.
>
> Gille, écoute-les dire :
> Qu'on les respecte, ah ! ah !
>
> Quoi ! ces visages-là,
> On les respectera !
>
> Ah' chienne, tu commences !
> Tiens, tu me la payeras.
>
> Tiens, tiens, j'enrage,
> Etrillons-nous :
>
> Il vous en souviendra,
> Ha, ha !
> Il vous en souviendra.

GILLES.
> Tu te feras frotter.
>
> Ma foi, j'en meurs de rire,
> Quoi ! ces visages-là,
> On les respectera !
>
> Arrête, Colombine,
> J'équipe ce magot,
> Ce vieux magot.
> Tiens, tiens, j'enrage,
> Etrillons-nous.
>
> Ha, ha, ha, ha !
> Il vous en souviendra,
> Ha, ha !
> Ma foi, laissons-les là.

CASSANDRE.

Ah! par la vertu de ma barbe est-il d'la prudence inhumaine de battre zune honnête Fille, dont on ne sçait pas en quel état elle peut z'estre. Sortez d'ici tout à l'heure, & n'y remettez jamais les pieds de votre vie, tant que vous serez au monde.

COLOMBINE.

Pardi, j'nous passerons ben d'vot condition, j'suis t'assez riche, j'm'en vais ramasser la succession d'un d'mes parents qui a fait banqueroute; il vient d'm'écrire qu'il étoit mort. Adieu, vieux Roupilleux.

GILLES.

Adieu, vieux Zigzag.

CASSANDRE.

Vas-t'en, vas-t'en : ma chere z'Isabelle, vous m'voyez dans le plus grand transportement de fureur où que puisse réduire la colere.

ISABELLE.

Et vous croyez que j'resterai dans ç'domicile de maison-ci, pour m'entendre dire z'une région d'injures, à bouche que veux-tu, moi qui z'ai la pudeur d'une composition si douce ! Ah ! jour de Dieu, si mon cousin le Grenadier n'était pas t'à la Campagne de l'Armée....

CASSANDRE.

Il z'est vrai qu'ils m'ont battu. Mais il faut ben souffrir quelques petites vivacités de la part de nôs Domestiques.

ISABELLE.

Non, c'est inutile, j'suis dans un saisissement.

ARIETTE.

V'là que j'tombe en fayance,
Je perds la couleur ;
Queux tourment de souffrance !
Ah ! mon cher Monsieur,
Soulagez mon cœur,
Venez de grace,
Quel embarras !
Qu'on me délasse,
Hélas ! hélas !
V'là que j'tombe en fayance, &c.

CASSANDRE.

C'est vrai, v'là z'Isabelle qui s'pâme.
Ah ! queux état ! Ah ! Ciel, Terre, Mer,

'Air, s'il faut que vous en mouriez jufqu'au dernier foupir, ma chere z'Ifabelle, j'tuerai Gilles, j'affommerai Colombine, je m'étranglerai moi-même, & puis j'm'en irai demander vengeance au Commiffaire.

ISABELLE.

Vous parlez comme z'une Tragédie, il vaudrait ben mieux m'donner du fecours.

CASSANDRE.

C'eft vrai, j'vois ben qu'il faut qu'j'en cherche.

SCENE VII.

GILLES, ISABELLE.

GILLES.

Et moi, j'en donne. Ah! z'Ingrate!

ISABELLE.

Ah! coquin!

GILLES.

Infidelle!

ISABELLE.

ISABELLE.

Scélérat, tu te joins à Colombine contre moi!

GILLES.

Vous épousez Cassandre en vrai mariage!

ISABELLE.

Il faut que j'obéisse aux volontés des ordres de ma Mere.

GILLES.

Oh! si je n'craignois pas d'mourir, j'prendrois mon couteau, & je m'en donnerois cent coups de plat d'épée zau travers du corps.

DUO.

GILLES.	ISABELLE.
Barbare, Ingrate, Cruelle,	Si tu perds ton Isabelle,
Envain je grille pour toi,	Cher z'Amant, c'est malgré moi.
As-tu pû m'être infidéle?	Oui, je te suis infidelle
As-tu pû trahir ta foi?	Et tu sens que je le dois.
Comme un parpillon volage,	
Qui vole à travers les choux,	
V'là qu'un z'autre Amant t'engage,	
J'méritois un sort plus doux.	
Barbare, Ingrate, Cruelle, &c.	Tout d'même qu'une fontaine
	Qui murmure & coule à grand bruit,
	Près de l'Objet qui m'enchaîne,
	Loin de toi, j'pleur'rai jour & nuit.
Barbare, Ingrate, Cruelle,	Si tu perds ton Isabelle,
As tu pû trahir ta foi?	Ah! tu sens que je le dois.

ISABELLE.

Ma Mere ne veut m'donner qu'à z'un Mari qui s'pouffe dans l'monde.

GILLES.

Eh ! ben, je m'pouff'rai : par exemple, je m'frai Laquais chez la bonne Amie de queuque Financier.

ISABELLE.

Non pas, j'veux qu'il z'ait pigeon fur rue.

GILLES.

J'aurai tout ce qui faudra. J'en fuis convenu avec Colombine, qui vous compt'ra tout ça, ma cher' z'Amie.

ISABELLE.

Si cela z'eft, j'te rends ma foi, mais il faut encore menager ç'vieux Roguignard.

SCENE VIII.

CASSANDRE, ISABELLE, GILLES.

CASSANDRE.

V'Là que j'vous prépare z'une bonne carpe de bierre, & que j'vous apporte du vinaigre des vingt-quatre voleurs; mais comment, que fais-tu là, coquin ? j'crois que tu fais des propositions à ma chere z'Isabelle ?

ISABELLE.

Me prenez-vous pour z'une Fille à rien supporter de disgracieux : allez, M. Gilles est zun bon garçon, qui veut zentrer dans mes intérêts.

GILLES.

L'Ingrat, tandis que j'lui pardonnois tous les coups de bâton que j'ai bien voulu lui donner.

CASSANDRE.

Allons, ne parlons plus d'ça, tu n'es donc pas fâché de voir avec plaisir que je me marie.

GILLES.

Parguienne, c'est tout gain pour moi ; vous f'rez la dépense de la maison, & moi la besogne.

CASSANDRE.

C'fripon-là za toujours des mots à double entente : emmenons Isabelle ; venez-ça prendre un peu l'air, ça vous f'ra du bien.

SCENE IX.

GILLES *seul*.

AH ! malheureux Gilles, v'là qu'il l'emmene.

Fatal zAmour, cruel Vainqueur,
Falloit-il se moquer de ma tendre zardeur ?

SCENE X.

COLOMBINE, GILLES.

COLOMBINE.

Gilles, es-tu tout seul?

GILLES.

Oui, nous ne sommes que moi.

COLOMBINE.

Je viens de chanter pic pendre de not vieux Maître à Madame Isabelle la mere; va, j'lai mis dans d'biaux draps.

GILLES.

Quel coup de génie, tout zira ben, j'viens de m'expatrier avec l'bon-homme Cassandre, & je reste ici.

COLOMBINE.

Oh! ne donne pas là-dedans, dès qu'il zaura contritraqué son Mariage, il z'est dans la dissolution de te chasser.

GILLES.

Me chasser, quand il zépouse une jolie femme ! ah ! satinom, quat & douze, ça me fait frissonner tous les ch'veux d'la tête ; j'ai beaucoup d'respect pour lui ; mais j'lui donnerois vingt coups de pied dans l'ventre.

COLOMBINE.

Dam, fais pour le mieux.

GILLES.

Enfin suffit, j'ly ferai entendre de quel bois je me mouche.

ARIETTE.

Je suis t'en colere,
Ne m'approchez pas,
Ah ! tu me verras,
Tu me verras faire
  Un joli fracas.
Que plutôt le tonnerre
Pleuve à foison sur nous,
Que je sois sous la terre
Mangé des loups-garoux,
Enfin laisse faire,
Bientôt son affaire
Sera dans le sac,
Tien, prends du tabac.

PARADE.
COLOMBINE.

Je te remercie.

GILLES.

C'est du bon tabac,
Je suis t'en furie,
J'm'en vas tout bruler,
Saccager, voler.
Si rien ne résiste,
Je serai vengé.
    Atchit, atchit.

COLOMBINE.

Que le ciel t'assiste.

GILLES.

Ah ! ben obligé,
Je suis t'en colere,
Ne m'approchez pas.
Ah ! tu me verras,
Tu me verras faire
Un joli fracas.

Mais le v'là qui vient ; pour plus de sureté faut commencer par ne l'y rien dire : cache-toi vîte derriere ce tableau.

SCÈNE X. & derniere.

CASSANDRE, ISABELLE, GILLES, COLOMBINE cachée.

CASSANDRE.

Oui, j'vous l'dis, j'leux montrerai zau doigt & zà l'œil que j'suis l'maître zune fois.

ISABELLE.

C'est quand vous êtes tout seul.

CASSANDRE.

Au surplus, nonobstant, pour r'venir à not' affaire d'limportance la plus principale; Gilles, puisque te v'là, zaporte nous un peu le petit fricot que j'ons de y a trois jours, avec le reste du soupé d'hier au soir. Vous, ma chere z'Isabelle, essayons à vous mettre zun peu en zattitude.

PANTOMIME.

Gilles apporte une table sans nappe avec une espece de collation, vole quelques morceaux du goûté, boit à même la bouteille, fait des grimaces à Cassandre qui arrange Isabelle comme pour la peindre, met ses lunettes, les ôte, boit & chante.

PARADE. 41
ARIETTE.
N'es-tu pas ravie
Qu'il m'ait prit envie
De faire un tableau
Où je peins en beau
Ta tête, mignogne?
Dis moi, dis, friponne,
Dès qu'on le verra,
Z'un chacun sçaura
    Qu'Isabelle
    Est belle,
Et l'on s'écriera :
Le joli modele
Que Cassandre a là !
Qu'elle est adorable !

Il m'semble que j'suis ben alteré zaujourd'hui ; donne-moi zà boire... (*Il boit à chaque exclamation*)! La jolie bouche...! Les beaux yeux...! Les jolis bras...! La belle tête...! Qu'elle mange noblement!

ISABELLE.
Ça zest trop galant.

CASSANDRE.
Il peint.

Ah ! si j'pouvois peindre le son d'sa voix.

    Air : *Robin turelure.*

Est-il de talent plus beau
Que celui de la peinture ?
Avec un bout de pinceau
    Turelure,
On fait toute la nature,
Robin turelure, lure.

GILLES.
V'là fon bonhomme d'efprit qui décampe.

ISABELLE.
S'rez-vous ben longtems, M. Caffandre?

CASSANDRE.
Oh ! n'craignez rien, n'penfez feulement qu'à vous t'nir tranquille, parce que pour peu qu'une perfonne grouille quand zon la peint, ça fait que l'Peintre dans fa peinture....

Turelure, lure, & flon, flon, flon,
Chacun a fon ton fon allure.

Je n'fais pas pourquoi qu'la main m'tremble come ça, fi j'buvois encore un coup. (*Il prend la bouteille que Gilles a changée, & fe verfe de l'eau ; il fe retourne & voit Gilles qui boit à même celle où il y a du vin.*) Ah ! coquin, j'te prends fur le fait, il faut que j't'affomme.

GILLES *fe laiffe battre tranquillement, & quand il a bû, il crie.*

C'n'eft pas moi, hai, hai, hai.

COLOMBINE *pendant que Caffandre bat Gilles.*

J'ai ben des chofes à te dire ; ta mere confent que tu époufes Gilles, fi l'vieux

PARADE. 43

Caffandre veut ben fe retirer lui & fa parole : nous t'expliquerons ça.

GILLES.
Mettons vite le mannequin à ta place, dépêchons.

On met le mannequin à la place d'Ifabelle.

CASSANDRE.
Ouf, je fuis eftropié, excufez, chere zIfabelle, ce font de petits accidents qui zentretiennent la paix dans un ménage ; mais comme elle me regarde tendrement ! La v'là toute immobile dans l'admiration de me contempler. Oh ! je ne tiens plus au tranfportement de mon ardeur.

ARIETTE *en Echo.*
Oui, mon cher tendron j't'adore.

COLOMBINE.
J't'adore.

GILLES.
Zencore.

ISABELLE.
J't'adore.

CASSANDRE.
Je veux baifer votre main, la.

COLOMBINE.
Oui dà

GILLES.
Mon cœur zeft tout d'braife.

ISABELLE.
Baife, baife.

CASSANDRE.

Permettez-vous
Que je vous baise auſſi les genoux ?

COLOMBINE.

Les genoux !

GILLES.

Les genoux.

ISABELLE.

Les genoux.

COLOMBINE.

A genoux.
Ah ! traitre, j'ti tiens.

CASSANDRE.

Que vois-je ! Colombine ! Iſabelle ?

COLOMBINE.

Vois-tu ta promeſſe de mariage ?

ISABELLE.

Comment ! vous avez la z hardieſſe de m'faire des propoſitions, tandis que vous ſignifiés des promeſſes à des Colombines.

COLOMBINE.

Il faut m'épouſer tout à l'heure, ou j'te fais condamner aux galeres.

GILLES.

Il m'faut quinze francs pour dix ans de gages, ou j'te fais mettre au pilori.

CASSANDRE.

Ah ! j'ſuis ruiné.

PARADE.
ISABELLE.

J'm'en vas conter à ma chere mere que tu voulois me ſuborner, & je te ferai pendre.

CASSANDRE.

Ecoutez, il y a un moyen d'arranger l'affaire; puiſque Colombine a z'hérité, j'l'épouſe parce que j'l'aime, & je cede ma boutique & Iſabelle & Gilles pour ſes quinze francs de gages, ça fera que par la concordance de la choſe, vous s'rez tous d'accord, & que le diable vous emporte.

COLOMBINE.

V'là qu'eſt ben parlé.

GILLES.

J'ons eu l'avantage, & ça fait voir d'une façon ben renommée qu'la vieilleſſe doit toujours avoir un grand reſpect pour les jeunes gens.

QUATUOR.

A toi je m'engage,
Ça, marions nous:
Dans notre ménage
Nous ferons les foux,
Ça, marions nous.
Oh! la bonne choſe!
Nous ferons les foux,
Et ſi l'on en cauſe,
Et ſi l'on en gloſe,
D'un commun accord,
Rions-en d'abord.

GILLES GARÇON &c.

Nº 1.

MAis quand on z'est gentil-s homme, Nés natifs

de bons marchands, Con- vient-il de s'rof-

fer com-me Des bourgeois ou de p'tites gens. Fi,

pour vous j'en rou- gis presque, Ah! queux honte,

queux af- front.

Nº 2.

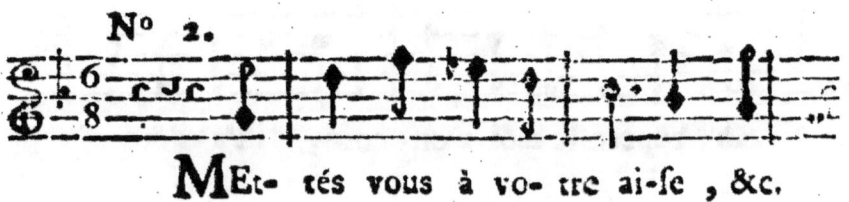

MEt- tés vous à vo- tre ai-se, &c.

PARADE.

47

Oui, mon cher tendron j't'a- dore j't'adore

Ah! repete le moi z'en- core, j't'a- dore,

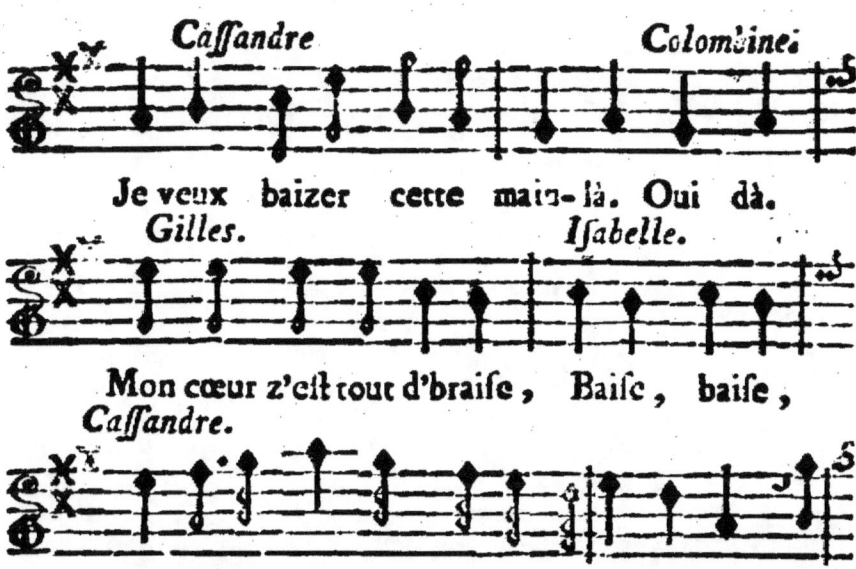

APPROBATION.

J'Ai lû par ordre de Monseigneur le Chancelier, *Gilles Garçon &c.* & je crois que l'on peut en permettre l'impression & la représentation. A Paris ce 27 Février 1758.

CRÉBILLON.

Le Privilége & l'Enrégistrement se trouvent à la fin du Recueil des Piéces de Théâtre de l'Opera-Comique.

www.ingramcontent.com/pod-product-compliance
Lightning Source LLC
LaVergne TN
LVHW022212080426
835511LV00008B/1714